Jörg Zink

Was kommt nach dem Leben?

Kreuz Verlag

Du erinnerst dich.
Wir saßen neulich beisammen
im Kreis von ein paar Freunden.
Das Gespräch ging um allerlei,
um mehr oder weniger Wichtiges.

Da erzählte einer,
daß ein Junge, der den meisten bekannt war,
plötzlich durch einen Unfall ums Leben gekommen sei.
Die Stimmung schlug um.
»Man sollte glauben können,
daß ein so kurzes Leben einen Sinn hat«,
sagtest du,
»und daß es irgendwie weitergeht.«

»Ich kann das nicht glauben«,
antwortete dir einer von uns.
So blieben die Gedanken stehen,
und das Gespräch suchte sich eine andere Richtung.

Ich habe damals nichts gesagt.
Ich brauche immer eine Weile, bis ich die Worte finde.
Aber jetzt, nach all den Tagen seither,
will ich das Gespräch wiederaufnehmen.
Ich will sagen, was ich glaube.

Ich bin kein Hellseher,
kein Eingeweihter und kein Guru.
Ich weiß nicht mehr, als wir alle wissen können,
wenn wir mit offenen Augen zusehen,
was da an der Grenze unseres Lebens geschieht.

Aber es gibt Erfahrungen,
und ich habe in siebzig Jahren viele gesammelt,
Erfahrungen an der Grenze zwischen dem Leben
und dem Tod,
zwischen dem Tod und einer neuen Art Leben.
Man braucht keine besondere Begabung dazu,
nur eine wache Aufmerksamkeit,
die sich den Schicksalen der Menschen zuwendet.

Wer solche Erfahrungen macht
– und man kann sie heute durchaus machen –,
der kommt am Ende zu seinen eigenen Gedanken,
die ihn über das hinausführen,
was man so denkt oder was man in unserer Zeit
und in unserem Land zu denken hat.

Er wird überzeugt sein,
daß der Tod nicht endgültig ist,
sondern das Leben,
und wird ihm mit Vertrauen entgegengehen.

Noch etwas gibt es, und das ist wichtig:
Einen Bericht über die Worte,
die Jesus Christus uns gesagt hat über das Leben,
wie wir es führen sollen,
über das Sterben, und wie wir ihm entgegengehen,
und über das, was uns danach erwartet.

Wir vergleichen also diesen Bericht
mit unseren eigenen Erfahrungen
und messen umgekehrt unsere Erfahrungen
an dem, was wir da hören.

Das fing für mich vor fünfzig Jahren an.
Es war Krieg, und alle paar Tage starb ein Kamerad,
manchmal viele in wenigen Stunden.
Die Erfahrungen von damals sind mir geblieben
auch in den Zeiten,
die danach im Frieden dahingingen.

Und das kleine Buch, in dem ich damals las,
das kaum größer war als eine Zündholzschachtel,
ein Neues Testament, liegt heute noch bei mir.

Dann habe ich vierzig Jahre lang
das Leben eines Pfarrers geführt.
Ein Pfarrer hat mit Menschen zu tun,
mit ihren Schwierigkeiten, mit ihren Schicksalen,
mit ihren Krankheiten und mit ihrem Sterben.
Und wieder habe ich verglichen
zwischen dem, was ich las, und den Erfahrungen,
die mir begegnet sind.
Und jetzt, gegen das Ende meines Lebens hin,
will ich sagen, was ich glaube. Vielleicht hilft es dir.

Aber wichtiger als das, was ich dir sage,
ist, daß du selbst nachdenkst
über die Geheimnisse des Lebens und des Sterbens
und das Geheimnis dessen, was kommt.
Vielleicht öffnen sie sich dir einen Spalt breit.

Und vor allem möchte ich dir sagen,
daß du dazu keine besonderen Techniken brauchst,
keine Geisterbeschwörungen oder Botschaften
aus dem Jenseits.
Denn der Tod ist weder ein schwarzes Loch
noch eine schwarze Wand. Er ist eine Tür,
und sie wird sich uns eines Tages von selbst öffnen.

Daß der Gedanke an den Tod
soviel Macht über uns hat,
daß wir ihn kaum ertragen,
das hängt mit der Art zusammen,
wie wir ihn ansehen.

Vielleicht sehen wir ihn – unnötigerweise –
als die unheimliche Drohung,
als die dunkle Gefahr, die uns vernichtet.
Und so müssen wir ihn verschweigen,
müssen ihn verdrängen, so gut es geht.
Einer verheimlicht ihn dem anderen,
und am Ende ist jeder mit seiner Ratlosigkeit allein.

Vielleicht sehen wir ihn als den großen Feind,
gegen den wir alle Kräfte aufbieten müssen.
Und diese Kräfte,
die eigentlich dem Leben dienen könnten,
vergeuden wir in dem aussichtslosen Kampf
gegen einen Feind, der keiner ist.

Gibt es eine Möglichkeit,
diesem »Feind« gelassen zu begegnen?
Ja. Wir müssen verstehen, was das Leben ist.
Und uns ihm anvertrauen.

Als ich einmal vor einem kanadischen Bergsee stand,
vor den vielen Berghängen,
die sich da hintereinander ins Bild schoben,
von rechts und von links bis fast ins Unendliche,
da schien mir, dies zeige eigentlich,
wie wir heute lernen müßten, die Welt zu sehen.

Denn die Welt ist ja nicht zu Ende,
wo der Vordergrund ist, den wir sehen,
den wir verstehen können und erklären,
messen und zählen und benützen.
Sie hat Schichten in ihrem Hintergrund,
in die wir manchmal ein wenig hineinsehen,
Schichten, die wir ahnen können,
und Schichten, von denen wir nichts, gar nichts wissen.

Wir müssen unsere Sinne dafür üben,
lernen, das Leise zu hören, das Verborgene zu sehen
und vor allem dem, was wir nicht sehen,
mit Ehrfurcht zu begegnen.

Vielleicht geht uns dabei auf, daß wir Menschen
in einer Zone leben, in der eine sichtbare
und eine unsichtbare Welt einander durchdringen.
Schon in diesem Leben auf dieser Erde.

Wir können heute wieder verstehen:
Wir kommen irgendwoher. Wir gehen irgendwohin.
Wir kommen zur Welt,
leben, sterben und erwachen.

Ich werde also sterbend die Augen aufschlagen,
mit allem, was ich auf dieser Erde geworden bin,
mit allem Unfertigen auch.
Ich werde der Liebe und dem Licht Gottes begegnen.

Viele reden heute von der Re-inkarnation,
also der Wiederkehr der Toten
in ein neues Dasein auf dieser Erde.
Aber ob das so ist oder nicht, weiß ich nicht.
Jesus hat uns nichts darüber gesagt.

Für dieses mein jetziges Leben aber
hängt meine seelische Kraft und Gesundheit davon ab,
ob ich den Gedanken an den Tod zulasse oder verdränge.
Die Freude am Leben hängt daran,
ob es auf der Grundlage eines festen Vertrauens stattfindet.
Das aber kann entstehen,
wo ich durch meinen Tod hindurchsehe,
in der Vorfreude auf das, was mich erwartet.

Manche halten das für Aberglauben.
Aber was eigentlich ermächtigt uns,
festzustellen,
was zwischen Himmel und Erde möglich sei,
als lägen die fernsten Geheimnisse des Kosmos
und die der tiefsten Untergründe der Seele
numeriert in unseren Aktendeckeln?

Nein, es gibt in unserer Welt unendlich viel,
das sich uns entzieht.
Was wir den Tod nennen,
ist die Rückseite einer ganz anderen Form von Leben,
und wir werden beim Überschritt dort hinüber
mit einer uns hier nicht vorstellbaren Klarheit
uns selbst und die Welt und Gott selbst
zu Gesicht bekommen.

Wie man das im einzelnen beschreiben soll, ist offen.
Wer zuviel darüber weiß, denkt sich zuviel aus.
Was wir uns unter Auferstehung vorstellen können,
werde ich behutsam andeuten.
Man kann das heute freilich wieder deutlicher tun
als in der Ära eines wissenschaftlichen Zeitgeistes,
der meinte, über alles Bescheid zu wissen.
Denn die ist vergangen. Vorbei.

Es ändert sich heute viel.
Ein Leben lang
habe ich über den Mann aus Nazareth nachgedacht
und bin überzeugt, daß kein Volk und keine Kultur,
kein Denker und kein Dichter
an die Stelle dessen, was er gesagt und uns vorgelebt hat,
je etwas Besseres und Wichtigeres setzen konnte.
Vor allem: An die Stelle dessen,
was er aus dem Tod gemacht hat
und was wir heute neu zu begreifen beginnen.

Während einer Wanderung auf Kreta stand irgendwo,
hoch über dem Land, eine Asphodelosblüte vor mir.
Der Asphodelos war für die Menschen,
die hier vor zwei- und dreitausend Jahren lebten,
die Totenblume, die ihnen sagte:
Du, Mensch, endest in der Unterwelt,
und dort holt dich niemand mehr heraus.

Für mich, der nach der Auferstehung des Christus lebt,
stand der Asphodelos über dem wunderbaren Land leicht,
strahlend, wie ein Bote des Lebens.
Er hat seine Bedeutung geändert.
Und wie er hat sich uns alles verändert,
was mit Tod und Leben zusammenhängt.

An der Grenze,
an der unsere Sinne und Gedanken enden,
habe ich oft gestanden. Schon als Kind.
Zum erstenmal, als mein Vater starb.
Da war ich drei Jahre alt und verstand nichts.

Dann war es meine Großmutter.
Sie lag vor uns, sehr alt und schwach,
da breitete sie noch einmal die Arme weit aus
und rief mit einem glücklichen, einem strahlenden Gesicht:
»Fliegen!« Und wir anderen hatten den Eindruck,
sie habe ganz anderes gesehen als wir. Dann starb sie.

Ich habe Menschen erlebt, die über Entfernungen
von Hunderten von Kilometern sagen konnten,
was gleichzeitig so weit entfernt geschah,
oder Menschen, die wußten, daß ihr Tod nah bevorstand,
obwohl sie kerngesund waren und nichts von dem,
was ihren Tod herbeiführte, zu sehen war.

Das Leben ist viel geheimnisvoller,
als wir modernen Menschen meinen.
Ich bin jedenfalls davon überzeugt,
daß wir, wenn wir an die Grenzen des Lebens kommen,
in eine Fülle neuen Lebens eintauchen werden.
Aber wie soll das zugehen?

Es ist eine bekannte und oft bezeugte Tatsache:
Wenn einer von einem Felsen stürzt,
kann es geschehen,
daß sich ein Film vor seinen Augen abspielt.
In ungeheurer Dichte und Geschwindigkeit.
Er begegnet seinem ganzen Leben,
auch Dingen, die er längst vergessen hatte,
und erinnert sich zurück bis in seine früheste Kindheit.

Er sieht, was er erreicht hat,
was das Leben ihm gebracht hat,
was er dem Leben schuldig geblieben ist
an Liebe, an Großzügigkeit, an Einfühlung.
Er schaut mit einer Klarheit, die er nie hatte,
seinen ganzen Lebensweg vor sich –
und alles während der kurzen Sekunden seines Absturzes,
der dann am Ende doch nicht tödlich war.

Wir werden bei unserem Weg durch den Tod
zwar blind an unseren Augen,
aber wir werden in einem ganz anderen Sinne sehend sein.
Wir begegnen der Wirklichkeit, auch unserer eigenen,
mit einer Klarheit und einer Gleichzeitigkeit,
die uns bis dahin unmöglich erschienen wären.

Die ärztliche Kunst kann heute viele,
viel mehr Menschen als früher re-animieren,
das heißt, aus dem Fast-schon-Tod zurückholen.
Und diese Menschen berichten von Erlebnissen,
die einander merkwürdig ähnlich sind.

Es ist auch in meiner eigenen Familie vorgekommen,
was Unzählige berichten: Daß sie nach einem Unfall
sich plötzlich außerhalb ihres Körpers wiederfanden.
Daß sie über ihrem eigenen Körper schwebten
und von dort aus sahen, was die Ärzte oder andere Menschen
mit ihnen taten. Sie konnten es danach schildern,
obwohl sie bereits als klinisch tot gegolten hatten.

Dann berichten sie von einem engen Kanal
oder einem Tunnel, durch den sie getrieben wurden,
und das sei sehr beängstigend gewesen.
Am Ende hätte sie ein wunderbares Licht empfangen.
Leuchtende Gestalten seien ihnen begegnet,
und sie hätten sich
von einer großen Liebe umfangen gefühlt.

Dann seien sie an eine Art Grenze gelangt,
und irgendwer habe ihnen gesagt, ihre Zeit sei noch nicht da.
Danach seien sie in irgendeinem Bett wieder erwacht.

Bei diesen Menschen war der Tod
noch nicht eingetreten, natürlich nicht.
Aber sie hatten sich schon von ihrem Körper gelöst.
Und wir können an ihren Erfahrungen ein Bild gewinnen,
wie es bei unserem eigenen Sterben zugehen wird.

Was die zurückgekehrten Menschen erzählen,
erinnert an den Vorgang einer Geburt,
der für ein Kind ähnlich bedrängend sein mag
und der am Ende in die Arme seiner Mutter führt.
Es ist nicht verwunderlich, daß immer und immer wieder
der Tod als eine zweite Geburt bezeichnet worden ist.
Daß auch Jesus das Bild aufnimmt und sagt:
»Ihr müßt von neuem geboren werden,
sonst könnt ihr das Reich Gottes nicht sehen.«

Es gibt ein seltsames Symbol dafür:
Im Heiligen Grab in Jerusalem, in der Grabeskirche,
ist seitlich eine Öffnung, die so groß ist,
daß ein Kind durchschlüpfen könnte.
Durch sie sieht man am Ostermorgen
eine Flamme, die das Osterlicht anzeigt.
Es ist eine Öffnung wie der Geburtskanal,
von dem die Zurückgekehrten erzählen.

Aber was geschieht dann mit dem,
was in unserem Leben nicht gut war?
Was unfertig war, mißlungen oder böse?
Die Zurückgekehrten berichten, sie seien an der Grenze,
bis zu der sie gelangten, einer großen,
warmen Liebe begegnet.
Zugleich hätten sie mit schonungsloser Deutlichkeit
ihr vergangenes Leben gesehen.
Alles habe offen dagelegen: Last, Schuld, Versagen.

Aber das habe ihnen
nicht ein grimmiger Richter vorgerechnet,
sondern jene große, klare Liebe habe es ihnen eröffnet.
Und sie hätten im Licht dieser Liebe auch sich selbst
anfangen können zu bejahen.

Ich denke mir, daß ich viel werde nacherleiden müssen
und viel betrauern, das ich versäumt habe.
Ich werde eine Wandlung durchmachen müssen,
die im Tod beginnt.
Ja, so muß man den Tod wohl bezeichnen:
Als den Anfang einer Wandlung, die mit uns geschieht,
bis Gott sagt: Es ist gut! Komm nun
und nimm die Aufgaben wahr,
die dir zugedacht sind auf dem Weg zu meinem Reich.

Was stelle ich mir überhaupt vor
von dem neuen und anderen Dasein,
in das wir eintreten werden?

Man redet bei uns gerne von der »ewigen Ruhe«.
Das ist begreiflich, da die meisten unter uns am Ende
müde sein werden,
müde von Anstrengung, Streit und Leiden. Müde vom Leben.
Aber ich glaube nicht daran, daß uns nach diesem Leben
eine ewige Sofaeckenruhe erwartet.

Seit die Welt besteht,
seit, sagen wir, zwanzig Milliarden Jahren,
hat es noch keine Sekunde gegeben,
in der alles so blieb, wie es zuvor war.
Die Welt mit allen Lebewesen in ihr
ist erfüllt und getrieben von einer ungeheuren Dynamik,
in der alles sich verändert und weiterentwickelt
von Zustand zu Zustand.

Ich denke mir, daß auch das, was wir Ewigkeit nennen,
von dieser Kraft erfüllt ist.
Daß wir uns ändern werden von Aufgabe zu Aufgabe,
die uns gestellt sein wird.
Daß aber am Ende und Ziel das erscheinen wird,
was wir das »Reich Gottes« nennen.

Kann ich mir eine ewige Hölle vorstellen?
Nein. Aus zwei Gründen nicht:

Zum einen wegen der Menschen.
Fast alle sind sie nicht eigentlich böse,
sondern eher leidend an Leib oder Seele.
Niemand hat sich seine Bosheit selbst gegeben.
Keiner hat sein Wesen selbst gemacht,
seine Wege selbst gewählt
oder sich sein Schicksal selbst ausgesucht.

Zum anderen wegen Gott.
Ich kann mir den Gott, den Jesus schildert,
nicht vorstellen, wie er Milliarden Menschen
aus ihrem Tode noch einmal weckt, um sie
– mit wenigen Ausnahmen – in eine ewige Hölle zu stoßen.
Was ein Mensch tun konnte, ist klein und begrenzt.
Eine Strafe, die Ewigkeiten andauert,
kann nicht angemessen sein.

Nein. Ich kann mir nicht vorstellen,
daß am Ende der Weltgeschichte alles erstarrt
in eine Hölle hier und einen Himmel da.
Einen solchen Stillstand gibt es weder in der Schöpfung
noch in der Welt des Glaubens.

Ich glaube, daß wir drüben Wege gehen werden
durch allerlei Schmerzen und Engen und Ängste
wie zwischen Felswänden.
Aber ich glaube, daß auch die Bösesten unter den Bösen,
die Hitlers und die Stalins und die Pol Pots
und wie sie alle heißen,
am Ende eine Befreiung vor sich haben werden,
die sie von ihrer schuldbeladenen Lebensgeschichte löst.

Ich glaube auch, daß der,
den wir den Satan nennen,
die »Macht der Finsternis«,
am Ende unter die Kinder Gottes heimkehren wird,
bis am Ziel, wie Paulus sagt,
Gott alles in allem sein wird
und sich zeigt, daß auch der Satan nichts war
als ein Geschöpf im Schatten Gottes
oder der Schatten Gottes selbst.

Gerade die Größten unter den Frommen
und Weisen der christlichen Geschichte
haben dies immer wieder gesagt,
leise, wie man ein Geheimnis weitergibt.

Aber was kann hier, auf dieser Erde, geschehen,
ehe wir Abschied nehmen?
Zweierlei vor allem:

Zum einen, daß wir am Ende bejahen,
was mit uns geschieht.
Daß der Widerstand sich legt,
der in uns aufkommen will.
Daß die Trauer, die uns lähmen will,
die Trauer über alles, was wir verlieren,
der Dankbarkeit weicht.

Und zum anderen,
daß wir nicht nur irgendein Schicksal annehmen,
sondern das Gegenüber sehen lernen,
von dem unser Geschick kommt.
Das bedeutet aber:
Daß wir nicht auf eine schwarze Wand starren,
sondern auf eine Tür zugehen, die sich uns öffnen wird,
und uns dem anvertrauen,
der uns unseren weiteren Weg zugedacht hat.

Denn das ist deutlich:
Wenn wir alt werden, spätestens,
kommt eine Zeit, in der unser innerer Friede
und die Schönheit unseres Lebens davon abhängen,
ob wir bejahen können, was gewesen ist.
Ob wir so wollen können, wie Gott gewollt hat.

Gott hat uns so gemacht, wie wir sind.
Also nehmen wir uns an.
Er hat uns Begabungen verliehen, andere nicht,
also sagen wir ja zu unseren Grenzen.
Er hat uns sehr dunkle Abgründe mitgegeben,
die in uns sind und uns gefährdet haben
ein Leben lang, also leben wir mit ihnen.
Wir empfingen uns aus Gott, also sagen wir ja
und vertrauen uns seiner Barmherzigkeit an.

Wenn uns dies beides gelingt,
Gott anzunehmen und zugleich uns selbst,
dann werden wir bemerken,
daß wir auch fähig werden,
andere, auch anstrengende, Menschen anzunehmen
und den Abschied von ihnen am Ende so zu feiern,
daß wir Frieden hinterlassen.

Damit ändert sich viel vor unseren Augen,
wenn wir auf unser Leben zurückblicken.
Wir sehen: Was Mühe war und Entbehrung,
was da Erfolg war oder Mißerfolg,
war das stille, leise Werk Gottes durch unsere Hände.

Aber auch unsere eigene Rolle, die wir spielten,
ändert sich. Nicht wir müssen »in den Himmel kommen«,
und nicht wir müssen so tun, als sei alles richtig gewesen,
sondern da ist eine große Liebe, die uns erwartet.
Und in die gehen wir ein.

Wenn wir »Himmel« sagen,
meinen wir ja nicht einen bestimmten Ort,
sondern eine andere Art zu sein.
Und wenn wir sagen, die Toten seien »drüben«,
dann sagen wir zugleich, sie seien nahe bei uns,
näher als wir meinen.

»Himmel« ist eine große Offenheit,
in der wir Gott gegenüber leben,
ohne Angst und ohne die Last von Schuld und Anklage.
Und »Reich Gottes« sagen wir,
wenn wir den gegenwärtigen Gott meinen,
der das ganze Dasein durchdringt,
das der Lebenden und das der »Toten«.

Das alles ist sicher für viele sehr neu.
Sie sehen ihr Leben lang den Tod an
als etwas wie eine Sackgasse, aus der nichts weiterführt.

Und so verschweigen wir ihn einander.
Die Angehörigen meinen,
der Sterbende wisse nichts von seinem Ende,
und die Sterbenden wollen ihren Angehörigen
den Gedanken ersparen, daß sie sterben.
Und so verheimlichen beide einander,
was sie doch beide wissen.

So quälen sich viele in großer Einsamkeit,
und das lösende Gespräch kommt nicht zustande.
Die Veränderungen, die in ihnen
und zwischen den Beteiligten nötig wären,
können nur langsam und unvollständig geschehen,
und das Wort des Abschieds wird nicht gesagt.

Aber das ist sicher:
Ohne einen bewußten und freundlichen Abschied
behält der Tod viel von seinem Schrecken.
Der Weg, der vor den Abschiednehmenden liegt,
will gesehen und verarbeitet und gegangen sein.
Und so gilt es, gemeinsam hinüberzusehen
in Dankbarkeit und Zuversicht.

Wir wissen natürlich, daß die meisten unter uns
am Ende zu schwach sein werden,
um noch neue Gedanken aufzunehmen.
Und doch könnte es eine schwere Unterlassung sein,
wenn wir einem Abschiednehmenden
die einzigartige Chance nehmen,
seine Sachen bewußt zu ordnen
und mit den Seinen über das vergehende
gemeinsame Leben zu reden.

Was im Leben gelingen soll, muß geübt sein.
Auch die Sache mit dem Abschiednehmen.
Das aber tun wir am sinnvollsten dort,
wo wir selbst als noch gesunde Menschen
an einem Krankenbett sitzen
und einen Sterbenden begleiten,
aufmerksam und in großer Geduld.
Wir können unser eigenes Sterben dabei lernen.

Unser Leben gewinnt dabei an Gewicht,
und der gesehene und bejahte Tod
wird der entmachtete Tod sein.

Das Sterben
hat ja nicht nur mit dem Schrecklichen zu tun,
sondern auch mit Liebe und mit Barmherzigkeit,
mit verläßlicher Treue
und einem stellvertretenden Glauben,
der dem anderen beisteht, wenn er »hinüber« gehen soll.

Wir können füreinander mehr tun,
als man bei uns gewöhnlich meint.
Wir können einem anderen zum Beispiel
ein Paßwort mitgeben,
ein Wort, das ihm hilft, Abschied zu nehmen.
Einen Reisesegen gleichsam.
Ein Vertrauen, das er mitnimmt.
Einen Dank, mit dem er abschließen kann,
was gewesen ist und was schwer war.

In einer griechischen Kirche sah ich einmal
im Gewölbe eine Christusfigur, die zu sagen scheint:
Ehe du verzweifelst, höre zu, was ich dir sage:
Du begegnest nicht irgendeinem bösen Schicksal,
du begegnest mir. Ich gebe dir Frieden.
Ich bin durch den Tod gegangen, und du wirst es auch tun.
Mit mir zusammen. Und auf mich zu.

In den Jahren unseres Lebens
ändert sich die Richtung, in die wir sehen.
Als junge Menschen schauen wir
von unserem fünfzehnten oder zwanzigsten Jahr aus
nach vorwärts bis zum vierzigsten
oder vielleicht bis zum sechzigsten.
Dadurch entsteht die Illusion einer unendlichen Lebenszeit.
Aber weil wir insgeheim wissen, daß dies eine Illusion ist,
kommt mit dem Gedanken an den Tod die Panik über uns.
Es kommt das Bedürfnis, die Zeit vollzustopfen,
sie auszunützen bis zum Rand
mit Hilfe von Uhr und Terminkalender.
Das heißt oft genug, sie auszustopfen
mit Dingen, die leer sind.

Als alte Menschen schauen wir rückwärts,
und dabei erweist sich, daß dies die Richtung ist,
in der wir der Wahrheit und der Gelassenheit begegnen.
Wir schauen zurück und sagen: Was hat sich gelohnt?
Was war nötig an Angst, an Langeweile,
an Überanstrengung, an Illusionen?
Und wir lernen, langsam, die Dankbarkeit.
Wenden wir uns aber danach zu unserem Tod um,
so ist sein Gesicht freundlicher geworden.

Etwas Persönliches möchte ich sagen:
Wenn es eines Tages um meinen eigenen Tod geht,
dann möchte ich, daß mich mein Arzt
nicht durch irgendwelche Medikamente
um mein klares Bewußtsein bringt.

Ich möchte noch dabeisein, wenn ich sterbe.
Ich möchte noch ein Wort sagen können
zu den Menschen, die mit mir verbunden waren.
Ich würde es schön finden,
könnte ich jedem meiner Kinder und Enkel
noch etwas sagen über seinen weiteren Weg,
ich könnte meiner Frau danken
für die mehr als fünfzig schönen und reichen Jahre
und ihr sagen,
daß unsere Verbundenheit mit dem Tod nicht endet.

Und vor allem: Ich möchte es hören,
wenn jemand über mir einen Reisesegen spricht,
etwa den:

»Gott behüte dich. Er behüte deine Seele.
Er behüte deinen Ausgang und Eingang
von nun an bis in Ewigkeit.«

Denn das ist es ja, was wir hören sollten
auf unserem letzten Weg, die uralte Wahrheit:

Es mag dir widerfahren, was will.
Es führt dich einer.
Er hat einen Plan mit dir.
Oder: Alles, was dir geschieht,
fällt dir aus einer guten Hand zu.
Was dir schwer aufliegt, ist dir auferlegt
durch einen großen, wissenden Willen.
Öffne dich also dem, was kommt.
Oder: Fürchte nichts. Auch nicht Angst oder Schmerzen.
Dein Weg führt in die Freiheit.
Es hat alles seinen Sinn in den Gedanken Gottes.
Wie solltest du etwas fürchten, das Sinn hat.

Das alles möchte ich noch hören,
ehe ich durch das dunkle Tor gehe.
Und ich möchte mit dem starken
und zuversichtlichen »Ja« Abschied nehmen von der Erde,
das ich vor kurzem aus dem Munde
einer Dreiundneunzigjährigen hörte,
wenige Augenblicke, ehe sie starb.

Wo aber werde ich danach sein?
Und wo sind die, die vor mir hinübergegangen sind?
Der christliche Glaube hat dafür ein Gleichnis,
und Gleichnisse sagen ihre Wahrheit,
indem sie irgendein Bild gebrauchen, das eine Ahnung gibt:

In einer römischen Katakombe, über einer Grabnische,
ist ein Bild, das sagt: Die Toten sind bei Gott,
an seinem »Tisch«. Sie feiern mit ihm.
Sie sind mit ihm verbunden,
und so sind sie auch selbst einander nahe.
Mehr brauchen wir nicht zu wissen.

Früher, als die Kranken und Alten
noch zu Hause starben, mitten unter den Ihren,
gab es eine Sitte,
die uns fast ganz verlorengegangen ist,
eine wunderbar menschliche.
Da versammelte sich die Familie,
und der Sterbende segnete die Zurückbleibenden.
Davon kommt das Wort,
es habe einer »das Zeitliche gesegnet«.

Das will heißen:
Wie eine Quelle, die aus der Erde dringt,
die Felder und Wiesen segnet und fruchtbar macht,
oder der Regen, der vom Himmel kommt,
so daß etwas wachsen kann und gedeihen,
so gibt der Sterbende seine letzte Kraft weiter
und wünscht seinen Kindern und Enkeln,
daß sie wachsen und gedeihen mögen,
daß sie in Frieden leben und Frieden schaffen können
und Gerechtigkeit und Güte unter ihnen wachse.
Er gönnt ihnen ihr ferneres Glück,
verzeiht ihnen, was er erlitten hat,
und sie verzeihen einander aus der großen Freiheit
dieses Abschieds heraus.

Wenn jemand also »das Zeitliche segnet«,
dann bleibt kein Vorwurf zurück
gegen das Schicksal oder gegen das Leben.
Die vergehenden Kräfte wenden sich dem Leben zu,
das er eben verläßt und das er liebt.

Eltern, die ihren Kindern auf dem Sterbebett
ein gutes, versöhnendes Wort sagen,
können auf diese Weise viel wiedergutmachen,
das sie an ihnen versäumt haben.

Segen hinterläßt derjenige, der schwierige Dinge
so regelt, daß sie im Frieden gelöst werden können.
Der seinen Kindern und Enkeln und allen, die er liebt,
bestätigt, daß er sie bejaht.
Und selten kann ein Mensch, der Frieden stiften will
zwischen zerstrittenen Menschen,
dies so wirksam tun wie auf seinem Sterbebett.
Ihm kann eine Autorität zuwachsen,
die er so nie hatte.
Das Leben, das einer verläßt,
gewinnt an Kraft und an Schönheit
durch den, der aus ihm geht,
indem er es segnet.

Es gibt ein schönes Zeichen
für unseren Weg hinüber.
Das ist die Taufe.
Sie ist ein Bild für die Auferstehung ins Leben.
Sie sagt: Wer im Wasser versinkt, stirbt.
Wer aus dem Wasser gerettet wird, lebt.
Deshalb sagten unsere Urgroßeltern:
»Wir heben ein Kind aus der Taufe.«
Wir heben es aus dem Tod.

Das Symbol der Taufe geht mit uns,
solange wir leben.
Es sagt: Du bist gemeint,
wenn von Leben und Tod und Leben die Rede ist,
von einer Erlösung aus dem Tod und aus der Angst,
wenn die Rede ist von einem freien,
aufrechten, sehenden Menschen,
dem Kräfte zufließen, die nicht aus ihm selbst sind.
Du bist von Gott bejaht und geliebt
und darfst dich ihm anvertrauen
in jeder Lage und an jedem Tag,
auch an deinem letzten.

In Israel quillt ein klarer Bach
aus einer Höhle, die aussieht,
wie die Gräber in jenem Land aussehen.
Es ist die Gideon-Quelle,
von der das Alte Testament erzählt.
Sie ist wie ein wunderbares Zeichen
für das neue Leben, das aus dem Tode quillt
und das uns, wo Gott uns seinen Geist gibt,
auf dieser Erde schon mit Kräften erfüllt.

So können wir hier schon tun, was nötig ist.
Es kann Leben von uns ausgehen. Gerechtigkeit.
Es kann Frieden entstehen um uns her.
Es kann Trost von uns ausgehen und Freiheit.
Mut für den kommenden Tag
und Hoffnung für die Zukunft.
Wir werden uns dem, das in dieser Welt geschieht,
mit Entschiedenheit zuwenden.
Wir werden unseren Glauben
und unsere Einsicht einbringen,
damit von dem Reich Gottes, auf das wir zuleben,
etwas spürbar wird auf dieser Erde für die,
die am wenigsten von ihm sehen,
die Gerechtigkeit
und Frieden am schrecklichsten vermissen.

Es wird erzählt von dem letzten Abend,
den Jesus mit den Seinen feierte,
einer der Jünger habe an seiner Brust gelegen.
Seitdem begleiten Bilder wie dieses
die Menschen in der Stunde ihres Abschieds.
Sie sagen: Du brauchst nicht selbst zu stehen.
Laß dich los und verlasse dich darauf,
daß der, dem du vertraust, dich festhalten wird.

Wir sind nun einmal Wesen zwischen zwei Welten.
Wir gehören nicht ganz in diese Welt
und doch auch nicht in die andere.
Zwischen beiden aber kommt es darauf an,
was wir glauben, wem wir vertrauen.

Der christliche Glaube bekennt: Christus lebt.
Und wir, du und ich, wir werden leben.
Und so verkehrt sich uns das Verhältnis
zwischen dem Tod und dem Leben:
Nicht das Leben währt, bis es der Tod beendet,
sondern wir sind in der Hand des Todes,
bis wir frei werden und ins Leben treten,
hinüber in ein von Gottes Geist erfülltes Dasein
ohne Raum und Zeit.

Es gibt im Leben ein Gesetz,
daß, wenn sich eine Tür schließt,
eine andere sich auftut.
Wenn nun die Türen,
durch die wir hier gegangen sind,
sich schließen, eine nach der anderen,
dann lösen sich die Wände auf vor unseren Augen,
in denen sich die Türen gedreht haben.
Die Welt wird größer, als sie jemals für uns gewesen ist,
das Licht einer anderen Wirklichkeit liegt über ihr,
und unser Weg fängt noch einmal an.

Ich bin glücklich, daß mir immer wieder
Zeichen gegeben worden sind,
an denen ich merken konnte, daß es so ist.
Daß ich am Ende meiner Zeit auf dieser Erde
hinübersehen werde über die Grenze.
Daß ich sehen werde,
wie eine große, andere Wirklichkeit auf mich zukommt.
Denn das Alter oder die Krankheit sind ja nicht das Ende,
sie geben uns die Ahnung
von der wunderbaren Musik der Freiheit,
die wir hören werden,
wenn wir den Schritt hinüber getan haben.

Ich stelle mir vor,
daß ich nicht in Gott versinken
oder mich in Gott auflösen werde wie ein Tropfen im Meer,
sondern daß ich ein Wesen eigener Gestalt sein werde
mit einem eigenen Weg und Auftrag.

In der Offenbarung Johannes
ist an einer ihrer schönsten Stellen
die Rede von einem weißen Stein, den der empfangen wird,
der seinen Weg zu Gott hin zu Ende gegangen ist.
Auf diesem Stein werde ein neuer Name stehen
als Zeichen dafür, daß der, der ihn in der Hand hat,
wieder ein eigenes und persönliches Wesen haben wird.
Und darauf möchte ich setzen, darauf möchte ich hinleben,
bis ich diesen neuen Namen und damit mich selbst
auf neue Weise in der Hand halte.

Wir wissen nicht, wie alles sein wird.
Aber Bilder wie das von dem weißen Stein
sind uns gegeben.
Wir können sie vor uns sehen.
Und ich wünsche dir, daß auch du sie siehst.
Dann wissen wir am Ende, was wir jetzt glauben:
Zwischen uns und dem Leben ist nichts mehr.
Vor uns ist das Licht.

Umschlag:	Krokusblüten
Seite 1	Brunnen in Kreta, Samariaschlucht
Seite 8	Kanada, See auf Vancouver-Island
Seite 13	Kreta, Asphodelosblüten
Seite 15	Am Bryce Canyon, USA
Seite 19	Jerusalem, Grabeskirche, Osterfeuer in einer seitlichen Öffnung des heiligen Grabes
Seite 24	Kreta, Imbrosschlucht
Seite 31	Mistra, Peloponnes, Christusfigur im Gewölbe einer der Kirchen
Seite 35	Römische Katakombe, Darstellung des himmlischen Mahles
Seite 37	Quelle in der Samariaschlucht, Kreta
Seite 41	Gideonquelle in der Ebene Jesreel, Israel
Seite 43	Heiligkreuztal, Oberschwaben, Jesus-Johannes-Gruppe
Alle Fotos:	Zink, Archiv Zink

4 5 6 7 00 99 98 97

Alle Fotos: Jörg Zink
Gestaltung: Hans Hug
Reproduktionen: Gölz, Ludwigsburg
Satz: TypoSatz Bauer, Fellbach
Druck und Bindung: Röck, Weinsberg

ISBN 3 7831 1230 3

Jörg Zinks »Kleine Geschenke« im Überblick:

* Diese Titel gibt es auch als CD und MC

Alles Lebendige singt von Gott
In den vielen kleinen Dingen der zauberhaften Natur ist die lebendige Gegenwart des Schöpfers zu erfahren.

Am Ufer der Stille *
Jörg Zink zeigt auf Fotos und in seinen Texten, in welche Tiefe und Weite das Lauschen auf die Stille führt.

Dein Geburtstag sei ein Fest *
Jörg Zink ermuntert dazu, den Geburtstag als einen Höhepunkt des Lebens zu feiern und zu bedenken.

Für schlaflose Nächte *
Statt »Schäfchen zu zählen«, empfiehlt Jörg Zink, sich sacht, ganz sacht in eine Herde schlafender Schafe zu betten. Gute Gedanken für eine lange Nacht.

Ich werde gerne alt *
Das Alter befreit von Zwängen und Verantwortungen und läßt Raum und Zeit für das, was das Leben mit Sinn erfüllt.

Ich wünsche dir Genesung *
Auch der Kranke verfügt über gesunde Kräfte. Einsicht in den Sinn der Erkrankung kann der Anfang der Heilung sein.

Liebe ist ein Wort aus Licht
Ein Loblied auf die eheliche Liebe, das vom Sinn des gemeinsamen Wanderns erzählt.

Liebesbrief an eine Mutter
Ein Freund schreibt von der Weite und Freiheit, die der Frau auch dann zugedacht sind, wenn sie Mutter ist.

Mehr als drei Wünsche*
Altersweisheit spricht aus den mit Humor gewürzten Texten,
die zusammen mit den Fotos ein herzhaftes Geschenk bilden.

Meine Gedanken sind bei dir
Ein besonders zartes Geschenk für alle Liebenden, die getrennt sind.

Wo das Rettende wächst
Angst kann vernünftig sein, aber auch lähmen. Jörg Zink erinnert daran,
daß unser Leben in Gottes Hand ist und daraus Vertrauen wächst.

Unter weitem Himmel
Alle Grenzen, die wir sehen, können sich uns öffnen,
unsere Freiheit beginnt, wo wir über Grenzen hinausschauen.

Unterwegs zur Weisheit
Was auf einem Lebensweg an Erkenntnissen gesammelt werden kann,
ist der Inhalt dieses Buches.

Vertrauen in der Dunkelheit
Jörg Zink stellt sich den Fragen nach dem Bösen,
nach millionenfachem Leid, nach Schuld und dem Dunkel in Gott.

Vielfarbiger Dank
Jede Blume mit ihrer besonderen Farbe deutet auf eine
menschliche Eigenschaft hin, die Anlaß gibt zum Danken.

Was kommt nach dem Leben
Gibt es ein Danach, und wie haben wir es uns vorzustellen?

Wenn der Abend kommt
Meditative Fotos und Texte laden ein zu Sammlung und Gelassenheit.

Wo das Glück entspringt
Ein Geschenk für alle, die nach Glück suchen
und dazu beitragen möchten, andere glücklich zu machen.